Inhalt

Web-Services

Kernthesen

Beitrag

Fallbeispiele

Weiterführende Literatur

Impressum

GENIOS WirtschaftsWissen Nr. 12/2003 vom 08.12.2003

Web-Services

M. Westphal

Kernthesen

- In der IT-Branche herrscht große Begeisterung über die Einführung von Web-Services
- Web-Services können die treibende Kraft einer neuen weltweiten Arbeitsteilung sein, womit auch die Kommunikationsstrukturen zwischen Unternehmen massiv beeinflusst werden
- In der aktuellen Diskussion werden vor allem technische Debatten geführt. Die Anwendungspotenziale von Web-Services bleiben auf der Strecke
- Auch die Organisation ist von Änderungen betroffen, wenn Web-Services eingeführt werden sollen

Beitrag

In der IT-Branche herrscht große Begeisterung über die Einführung von Web-Services

Das Thema, welches derzeit in der IT-Branche für die größte Begeisterung sorgt, ist die Einführung und Nutzung von Web-Services.
Web-Services können die treibende Kraft einer neuen weltweiten Arbeitsteilung sein, womit auch die Kommunikationsstrukturen zwischen Unternehmen massiv beeinflusst werden.
Web-Services beschreibt ein Modell flexibel von über alle System-, Firmen- und Standortgrenzen hinweg austausch- und kombinierbaren Softwarebausteinen. Es fehlt nur häufig noch an dem strategischen Verständnis für die Auswirkungen dieser Entwicklung in vielen Vorstandsetagen. Aufgrund der allgemeinen Investitionsvorsicht und nachwirkenden Enttäuschungen insbesondere bei IT-fremden Managern über nicht erfüllte Erwartungen vergangener Software-Projekte, kommen Web-Services bisher häufig für Anwendungen zum Einsatz, bei denen sie ihre Vorzüge nicht ausspielen oder traditionellen Softwarearchitekturen gar unterlegen

sind. (1)

Möglich geworden ist das Modell von Web-Services erst durch die Einführung von standardisierten Datenformaten. Die Extensible Markup Language (XML) ist ein Format der Datenpräsentation, welches auf der Trennung von Struktur und Repräsentation beruht. Diese Sprache hat sich als Standard für den Datenaustausch zwischen heterogenen Systemen bewährt. Im Gegensatz zu HTML (Hypertext Markup Language) ist sie sehr gut zum Datenaustausch geeignet. Daten und Dokumente können unabhängig von den eingesetzten Systemen ausgetauscht und weiterverarbeitet werden. Dieses ist auch der ausschlaggebende Grund dafür, weshalb sich verschiedene Ansätze von einfachen Web-Services im Netz entwickelt haben. Diese Web-Services resultieren daher aus der konsequenten Umsetzung des Gedankens "Der Computer ist das Netz". Java-Applikationen kommunizieren mit .NET-Anwendungen oder Windows-Programme mit UNIX-Servern. Im einfachsten Fall werden XML-basierte Dokumente über HTTP (Hypertext Transfer/Transmission Protocol) ausgetauscht. (2)

In der aktuellen Diskussion

werden vor allem technische Debatten geführt. Die Anwendungspotenziale von Web-Services bleiben auf der Strecke

Aktuell herrscht allerdings auch ein Kommunikationsdefizit. Die Diskussionen sind geprägt von technischen Debatten über die verschiedenen Standards. Die Implikationen die Web-Services für Geschäftsmodelle haben können im Hinblick auf Nutzen und Anwendungspotenziale bleiben auf der Strecke, wobei gerade eine solche Business-Perspektive erst die wahre Faszination von Web-Services offenbart. (1)

Kurzauflistung der im Zusammenhang mit Web-Services diskutierten wesentlichen Abkürzungen/Standards:

- SOAP = Simple Object Access Protocol,- XML-RPC = Remote Procedure Call,
- WSDL = Web Service Definition Language,
- UDDI = Universal Description, Discovery and

Integration
- HTTP arbeitet asymmetrisch (unidirektional), eignet sich also nur für ein Frage-Antwort-Szenario zwischen zwei Partnern.
- Das 2002 entwickelte Block Extensible Exchange Protocol (BEEP) erlaubt eine bidirektionale gleichberechtigte Kommunikation über verschiedene virtuelle Kanäle.

Welche Vision ermöglicht die Einführung von Web-Services?

Bei der Einführung von Web-Services muss darauf geachtet werden, dass es sich hierbei nicht rein um Produkte handelt, die sich einkaufen und implementieren lassen und dann (hoffentlich) die erwartete Rentabilität erwirtschaften. Web-Services stellen ein völlig neuartiges Modell dar, mit Applikationen und damit eben auch mit elektronisch unterstützten Geschäftsprozessen umzugehen. Sie stellen Softwarekomponenten dar, die sich über Internet-Standards bausteinkastenmäßig flexibel von anderen Softwarekomponenten nutzen lassen. Ein Unternehmen, welches eine Web-Service-fähige IT-Landschaft betreibt, kann jeden anderen Betrieb, der über eine ebensolche Landschaft verfügt, mit den entsprechenden Zugriffsrechten ausstatten. Externe Firmen können diese Bausteine also nutzen, als

würde es sich um vor Ort und innerhalb der eigenen Firewall existierende Programmroutinen handeln. (1) Ermöglicht wird durch diese Technologie eine neue Welle der Arbeitsteilung. Unternehmen können über Firmen- und Landesgrenzen hinweg noch enger zusammenarbeiten.
Die Motivation zur Entwicklung einer globalen Arbeitsteilung ist davon geprägt, jeden Prozess genau dort abzuwickeln, wo sich das beste Kosten- und Nutzenverhältnis bietet. Aufgrund heute noch bestehender Such- und Integrationsaufwände verhindern die gesamten Transaktionskosten noch eine solch optimierte Kräfteallokation.
Ermöglicht wird ein von Standorten und Unternehmensgrenzen losgelöster Handel mit kompletten Geschäftsprozessen, der auch neue Einnahmepotenziale und Kostenvorteile erschließen kann. Verfügt eine Firma im Rahmen von IT-gestützten Arbeitsabläufen über außerordentliche Stärken, können diese sehr einfach und zu minimalen Implementierungskosten auch anderen Firmen angeboten werden. (1)

Weniger komplexe Unternehmensfunktionen und Prozesse können etwa über das UDDI-Protokoll in offenen Datenbanken angeboten werden. Firmen kaufen diese nach Webshop-Vorbild ein, inklusive der Option, von einem auf den anderen Tag den Partner zu wechseln. Mit dem Einzug der Web-Services verlöre das starre Modell der Wertschöpfungskette rasch an Bedeutung. Es werden sich vielmehr mehrdimensionale, weltweit verflochtene und hochdynamische Wertschöpfungsnetze bilden, mit intensiver inter-organisationaler Kooperation nicht nur über Waren und Daten, sondern auch über den Austausch von Geschäftsprozessen. (1)

Das Rationalisierungspotenzial, welches sich aus Web-Services ergibt, resultiert nicht daraus, dass Arbeit weniger wird, sondern eher daher, dass sie anders, nämlich optimierter, verteilt und organisiert wird. (1)

In zwei bis drei Jahren wird man, sofern die Entwicklung der Web-Services nicht durch andere Technologien eingeholt wird, verteilte Applikationen über das Internet nutzen können in der gleichen Transparenz, wie dieses heute mit Applikations-Server-Architekturen (ASP) möglich ist. Somit wird sich die Vervollständigung der Web-Service-Implementierung durchsetzen.
Derzeit sind über Web-Services die Versendung nicht vertraulicher Daten über öffentliche Netze und vertrauliche Daten über geschlossene beziehungsweise verschlüsselte Netze möglich. Es existiert bereits eine ausgereifte und funktionierende Technik, die auch zwischen Plattformen und Implementierungen einwandfrei arbeitet.

Dieses läßt sich auch daran ablesen, dass es bereits eine größere Anzahl produktiver Anwendungen auf Basis von Web-Services gibt wie EAI-Projekte (Enterprise Application Integration) oder typische Data-Provider-Anbindungen. (2)

Worauf muss geachtet werden, um eine Organisation Web-Service-fähig zu machen?

Für eine breite Einführung der Web-Services, die letztendlich das komplette Potenzial dieser Technologie ausschöpft, muss eine Kommunikations-, Geschäfts- und Vertrauenskultur geschaffen werden, die den Anforderungen genügt, die das Einbinden von vielen anderen Firmen in die Unternehmensprozesse erfordert.
Aber, da die Kooperationsbeziehungen wie auch die Prozesse täglich modifiziert werden können und die vielen Partnerschaften kontinuierlich auf Seriosität hin überprüft werden müssen, müssen sie auch laufend überwacht und gemanaged werden, was auch die Mitarbeiteraufgaben in Unternehmen drastisch verändern wird. (1)

Fallbeispiele

Die sehr stark von Schnittstellen geprägte Reisebranche ist ein aktuell schon implementiertes Anwendungsbeispiel für Web-Services, in der Produktdaten von einem Dienstleister zentral gehalten werden und durch verschiedene Vertriebspartner abgefragt und dem Kunden über eine Web-Oberfläche zur Verfügung gestellt werden. Diese Daten benötigen keine Signaturen oder XML-interne Verschlüsselungen, da sie nicht zwingend transaktionsabhängig sind. (2)

Gerade die große Gefahr, die sich aus der Verbreitung von Comupterviren ergibt, zwingt die Unternehmen dazu, von den Software-Herstellern zur Verfügung gestellte Updates so schnell wie möglich zu installieren. Insbesondere große Unternehmen, die Hunderte oder gar Tausende von Windows-Clients im Einsatz haben, stehen vor einem Problem. Hierbei kann das Client-Server-Tool Garibaldi der Firma Inosoft helfen, welches auf Basis von Web-Services flexibel kommuniziert und somit die Verwaltung und Verteilung auf Basis eines vorher von der IT-Abteilung definierten Unternehmensstandards ermöglicht. Der Vorteil gegenüber herkömmlichen

Verwaltungswerkzeugen liegt darin, dass die Verteilung von von Softwareherstellern bereitgestellten Patches nicht nur schnell abläuft, sondern auch auf Basis einer **einheitlichen** Client-Server-Architektur. Somit wird der Gefahr vorgebeugt, dass mehrere Patch- und Update-Wellen nicht einen nicht mehr verwaltbaren Wust an Arbeitsplatzkonfigurationen nach sich ziehen. Die aktuelle Produktversion von Garibaldi basiert auf Web-Service-Mechanismen. Die asynchron kommunizierenden Web-Services kommen im Gegensatz zu Lösungen auf TCP/IP-Basis in Sachen Flexibilität und Skalierbarkeit den Anforderungen von Software-Management und verteilung entgegen. (4)

Die DEKRA weist in ihren Geschäftsprozessen eine Vielzahl von Schnittstellen zu Geschäftspartnern auf. Aufgrund der zunehmenden Anzahl von Partnern stießen die bisher eingesetzten Lösungen an ihre Leistungsgrenze, weshalb die elektronisch abgewickelten Geschäftsprozesse auf eine neue technologische Basis gestellt werden. Ziel der DEKRA ist es, in Zukunft mit immer mehr Partnern elektronisch Daten auszutauschen. Die Integration bringt dabei auch eine Vielzahl von individuellen Schnittstellen mit sich, wobei die flexible Gestaltung dieser ein immer wichtigerer Wettbewerbsvorteil darstellt. Mit dem Software-Produkt iXcon der Firma SoftProject aus Baden-Baden wurde die

Voraussetzung geschaffen, immer mehr Partner mit ständig steigendem Datenvolumen mit minimalem Aufwand zu integrieren.

Weiterführende Literatur

(1) Web-Services/Die neue Form der Arbeitsteilung Web-Services verändern die Weltwirtschaft
aus Computerwoche, 31.10.2003, Nr. 44, S. 36-37

(2) Web-Services/Web-Services sind keine Spielwiese mehr Der Startschuss ist längst gefallen
aus Computerwoche, 31.10.2003, Nr. 44, S. 38-39

(3) Strategie ist wichtiger als sparen Gartner predigt Prozessoptimierung mit IT
aus Computerwoche, 14.11.2003, Nr. 46, S. 14

(4) PC-Clients über Web-Services verwalten Garibaldi hält die Frontends aktuell
aus Computerwoche, 14.11.2003, Nr. 46, S. 24

Impressum

Web-Services

Bibliografische Information der deutschen Nationalbibliothek

Die Deutsche Nationalbibliothek verzeichnet diese Publikation in der deutschen Nationalbibliografie; detaillierte bibliografische Daten sind im Internet über http://dnb.d-nb.de abrufbar.

ISBN: 978-3-7379-0288-5

© 2015 GBI-Genios Deutsche Wirtschaftsdatenbank GmbH, Freischützstraße 96, 81927 München, www.genios.de

Alle Rechte vorbehalten. Dieses Werk ist einschließlich aller seiner Teile – z.B. Texte, Tabellen und Grafiken - urheberrechtlich geschützt. Jede Verwertung außerhalb der Grenzen des Urheberrechtsgesetzes bedarf der vorherigen Zustimmung des Verlags. Dies gilt insbesondere auch für auszugsweise Nachdrucke, fotomechanische Vervielfältigungen (Fotokopie/Mikroskopie), Übersetzungen, Auswertungen durch Datenbanken oder ähnliche Einrichtungen und die Einspeicherung und Verarbeitung in elektronischen Systemen.